I Quaderni del Circolo

Sergio Fumich

SCACCHI

L'ATTACCO EST INDIANO CONTRO LA SICILIANA

ANDREANI
Circolo Culturale Anticonformista

L'attività editoriale del Circolo Culturale Anticonformista "Andreani" è particolarmente diretta al recupero di vecchie pubblicazioni e documenti manoscritti che sono stati parte o danno testimonianza della cultura e della storia dell'Ottocento e del primo Novecento. Con la pubblicazione dei Quaderni il Circolo intende adempiere ai suoi scopi statutari che indicano come primo obiettivo il recupero e la valorizzazione della cultura locale nelle varie forme ed aspetti con cui nel tempo si è manifestata, la storia e le tradizioni della civiltà agricola che nelle diverse epoche ha arricchito il territorio, la storia della gente di Brembio e dei suoi legami con il circostante territorio lodigiano, con l'altra gente lombarda ed in generale con le vicende nazionali.

SCACCHI

L'ATTACCO EST INDIANO CONTRO LA SICILIANA

A CURA DI SERGIO FUMICH

PRIMA EDIZIONE NEI QUADERNI: NOVEMBRE 2014

ISBN 978-1-326-06236-1

ANDREANI
CIRCOLO CULTURALE ANTICONFORMISTA
BREMBIO

L'attacco Est Indiano contro la Siciliana

Introduzione

L'attacco est-indiano contro la difesa siciliana è un sistema di gioco adottato frequentemente nelle competizioni. Il bianco in pratica sceglie l'Est-Indiana che offre posizioni soddisfacenti per il nero contro l'apertura del pedone di donna e prova ad aumentarne l'aggressività avendo a disposizione un tempo in più. Il nero, di fronte ad un avversario al momento pacifico, adotta una posizione solida e ricca di possibilità, una struttura di "Difesa Siciliana". Ci si trova, insomma, in presenza di ciò che gli studiosi definiscono un'apertura *ipermoderna.*

Per presentare queste poche pagine in una maniera più chiara, nella loro redazione è apparso più utile non tenere conto delle diverse possibili inversioni delle prime mosse, fissando arbitrariamente un loro ordine costante, che permettesse una facile classificazione delle varianti. Di conseguenza, è corretto segnalare al lettore che le partite citate nel seguito, non sono state generalmente giocate secondo l'ordine delle mosse descritto, ma che talvolta tale ordine è di fatto differente. Il lettore va tuttavia rassicurato: tali modificazioni sono state fatte con l'attenzione a non turbare mai le caratteristiche della posizione, la quale può sempre essere il risultato di aperture differenti.

Così le mosse 1. Cf3, Cf6; 2. g3, g6; 3.Ag2, Ag7; 4. o o, o-o; 5. d3, d6; 6. e4, c5; 7. Cbd2, Cc6; 8. c3 portano ad una posizione che può essere ottenuta con questa sequenza di mosse: 1. e4, c5; 2. Cf3, Cc6; 3. c3, Cf6; 4. d3, d6; 5. g3, g6; 6. Ag2, Ag7; 7. o-o, o-o; 8. Cbd2. La posizione raggiunta da entrambe le sequenze di mosse è illustrata dal diagramma sottostante.

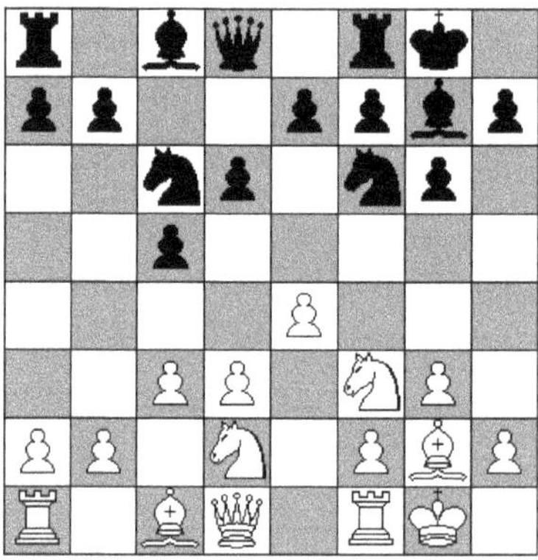

Ancora una precisazione: le annotazioni di queste pagine si limitano al cosiddetto "Attacco Est-Indiano contro la Siciliana"; sono escluse cioè considerazioni relative alla "Siciliana chiusa", dove viene giocato il tratto Cb1-c3 al posto di Cb1-d2, e al cosiddetto "Attacco Est-Indiano contro la Francese", dove i neri giocano d7-d5.

Il Dragone Nero

1. e4, c5; 2. Cf3, Cc6; 3. d3, g6; 4. g3, Ag7; 5. Ag2, d6; 6. o-o, Cf6.

Questa variante è così nominata perché il nero adotta la struttura della variante del Dragone della Siciliana (1. e4, c5; 2. Cf3, d6; 3. d4, c:d4; 4. C:d4, Cf6; 5. Cc3, g6 seguito da Ag7, Cc6 e dal contrattacco su d4).

Le mosse 5. ..., d6 e 6. ..., Cf6 possono essere invertite, perché e4-e5 è impedito da Cf6-g4 e Cg4:e5.

7. Cbd2

Le mosse c3 o Te1 non hanno un significato particolare al settimo tratto; le loro varianti saranno esaminate nell'ambito dell'ottava mossa del bianco.

7. ..., o-o; 8. a4!

Si dà qui la preferenza a questa mossa, attribuita al

grande maestro russo Smilov.

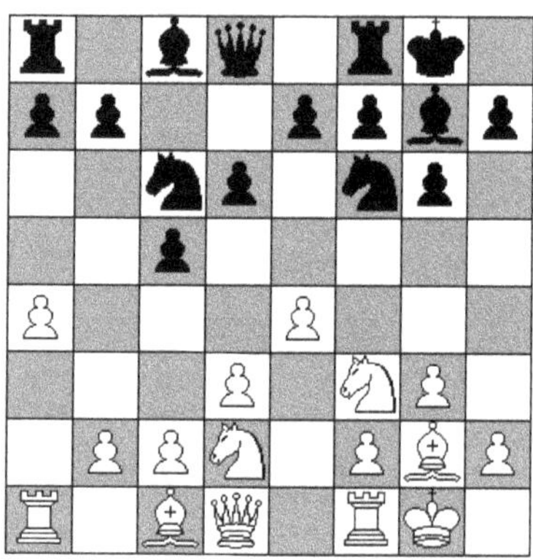

Esaminiamo, tuttavia, per completezza le possibili conseguenze di 8. Te1 e di 8. c3.

a. – 8. **Te1**

a.1. – 8. …, **e5**; 9. c3, Te8; 10. a3? (meglio sarebbe stato 10. a4 seguita da 11. Cc4), b5! e il nero è leggermente migliore (Feuerstein – Reshevski, New York 1972).

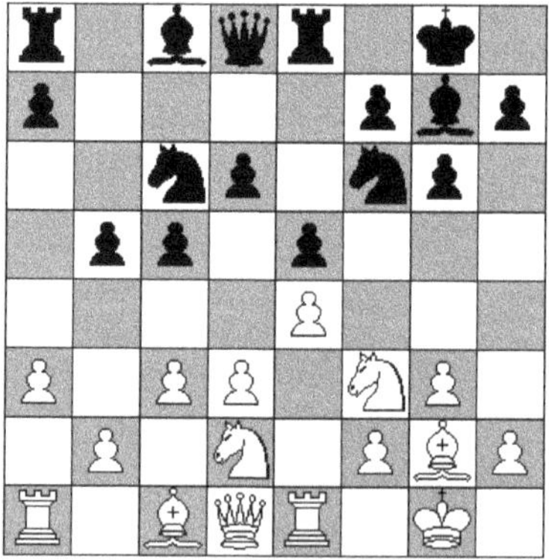

La partita è proseguita così: 11. a4, b4; 12. Cc4, Tb8; 13. Ag5, h6; 14. A:f6, A:f6; 15. Ce3, b:c3; 16. b:c3, Ae6; 17. Cd2, Ag5; 18. h4, A:e3; 19. f:e3, Tb2. Il nero è in grande vantaggio.

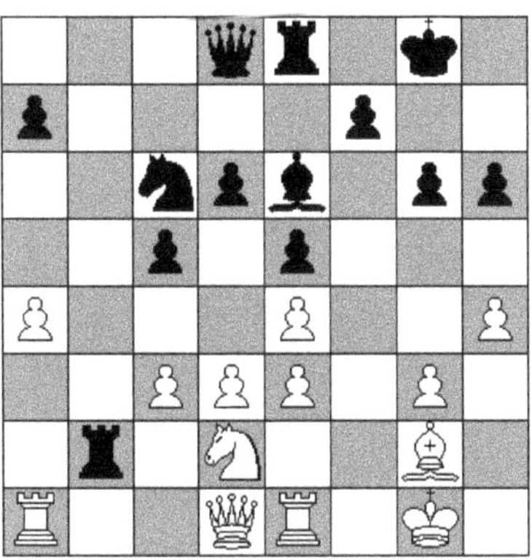

a.2. – 8. …, **Tb8**; 9. a4, b6; 10. Cc4, Ab7 con chance reciproche (Larsen – Gligoric, Vinkovci 1970).

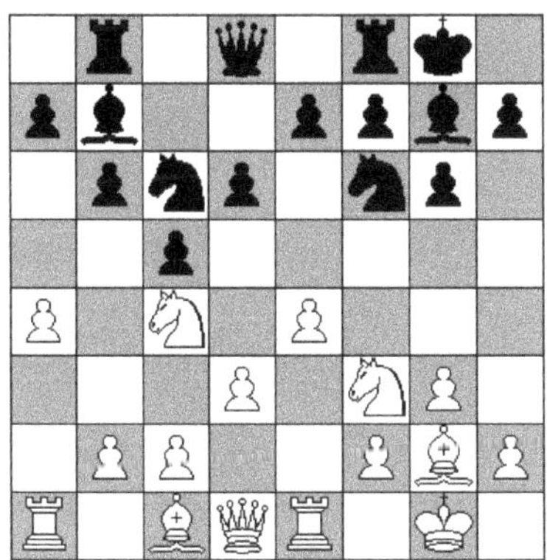

La partita proseguì con 11. h4!? (L'idea di Larsen è di restringere l'attività del Cf6 con la minaccia d'un attacco sul lato di re; così 11. …, d5 è impedito a causa di 12. e:d5, C:d5; 13. h5!), 11. …, Dc7; 12. Ad2, Tbd8 (h6 seguito da Rh7 era da considerare); 13. Dc1, d5; 14. Af4, Dc8; 15. e:d5, C:d5; 16. Ah6, Tfe8; 17. A:g7, R:g7; 18. h5, Cf6; 19. h6+, Rg8; 20. Df4, con un leggero vantaggio bianco.

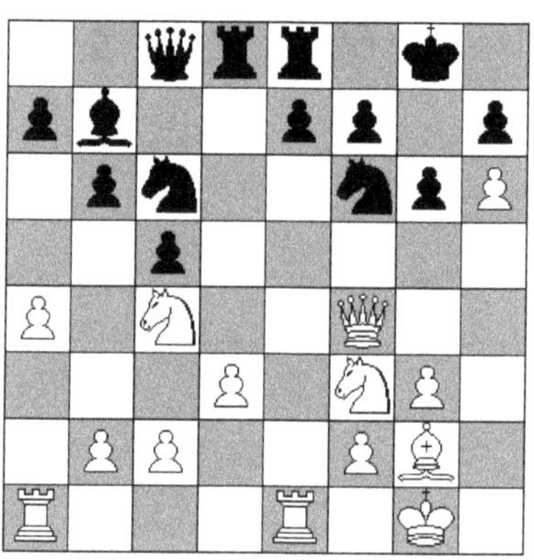

b. – 8. **c3**

b.1. – 8. ..., **Ag4**; 9. h3, A:f3; 10. D:f3, Cd7; 11. De2, Tb8; 12. f4, Dc7; 13. Cf3, b5; 14. Ae3, b4; 15. c4, Cd4; 16. Df2, e il nero doveva giocare 16. …, e5! restando con un leggero vantaggio. Giocò 16. …, C:f3+; 17. A:f3, dunque lasciando al bianco un leggero vantaggio (Bilek – Kavalek, Salgotarian 1967) [v*edi il diagramma a pagina 13*].

b. 2. – 8. …, **Tb8**; 9. a4, a6; 10. De2, b5; 11. a:b5, a:b5; 12. d4, Cd7; 13. Cb3 (?!), c4; 14. d5, c:b3; 15. d:c6, Cc5, con parità (Barcszay – Forintos, Budapest 1968) [v*edi il diagramma a pagina 13*].

Bilek – Kavalek, Salgotarian 1967
(dopo 17. A:f3)

Barcszay – Forintos, Budapest 1968
(dopo 15. …, Cc5)

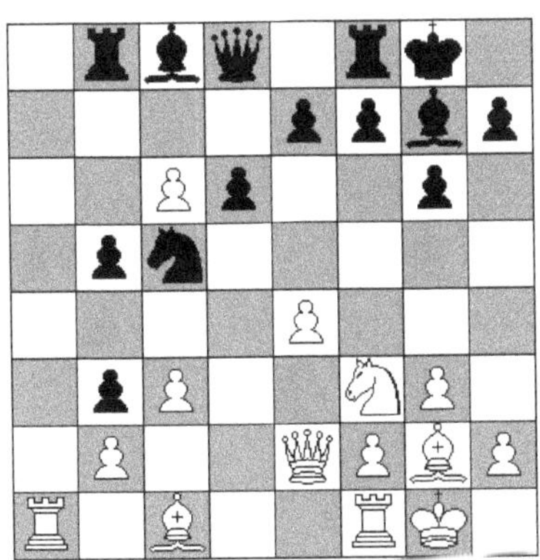

8. …, Tb8; 9. Cc4, Cd7; 10. Ch4!

Il bianco è in leggero vantaggio [*vedi il diagramma a pagina 14*].

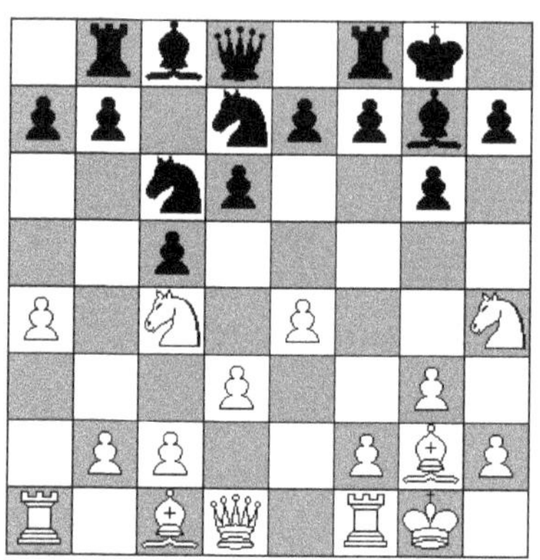

La partita Smilov – Ivkov (Palma di Maiorca 1970) ha visto l'attacco bianco fermato da un gioco preciso del nero: 10. …, a6; 11. f4, b5; 12. a:b5, a:b5; 13 Ce3, Cb6; 14. f5, c4; 15. Cg4, Rh8; 16. Ah6, Ce5; 17. d4, C:g4; 18. A:g7+, R:g7; 19. D:g4, Cd7; 20. Rh1, Cf6; 21. Df4, Ab7; 22. e5, Cd5; 23. Dd2, d:e5; 24. d:e5, Db6; 25. Tae1, Tae8 con parità.

Concludendo, in questa variante le chance del bianco sono leggerissimamente superiori. Il bianco può avanzare sul centro o attaccare sul lato del re. Il nero deve contenere l'avanzata al centro e sfondare sul lato di donna.

1. e4, c5; 2. Cf3, Cc6; 3. d3, g6; 4. g3, Ag7; 5. Ag2, e6; 6. o-o, Cge7

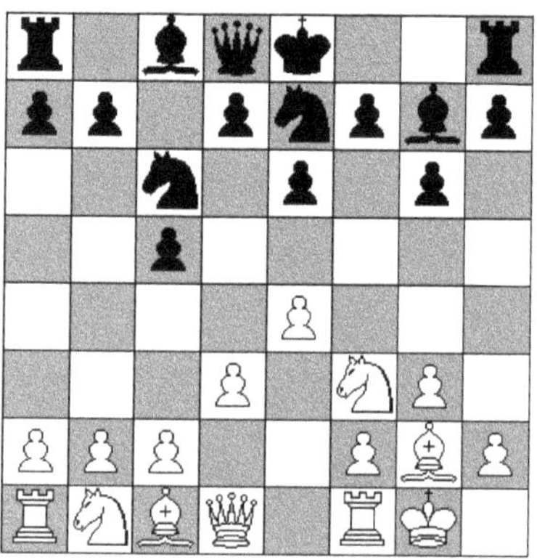

Al contrario della variante vista in precedenza, il nero sviluppa il suo cavallo di re in e7, in modo, per così dire, *rampante*.

7. Te1

In questa posizione sono state giocate anche le mosse 7. c3 e 7. Cbd2, che spesso s'invertono.

7. **c3, o-o**

a. – In questa posizione Fischer ha giocato 8. d4, d6; 9. d:c5, d:c5; 10. De2, b6; 11. e5, a5? (occorreva adottare un piano che prevedesse b5 giocando Ab7 e a6); 12. Te1, Aa6; 13. De4, Ta7; 14. Cbd2, Ad3; 15. Dh4, Cd5; 16. D:d8, T:d8; 17. a4, Tad7; 18. Af1, A:f1; 19. R:f1 con una posizione superiore (Fischer – Durao, L'Avana 1966).

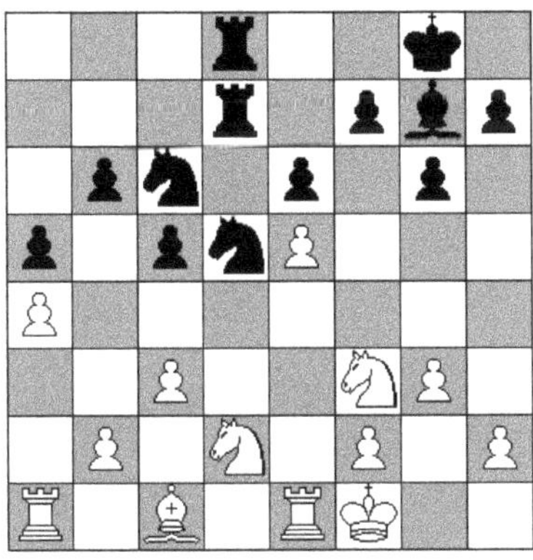

b. – 8. **Cbd2**, **d6**

b.1. – 9. **Ch4**, Tb8; 10. a4, a6; 11. f4, Dc7; 12. g4, f5; 13. g:f5, e:f5; 14. Cc4, Ae6; 15. Ce3, Dd7; 16. e:f5, C:f5; 17. Ch:f5, A:f5; 18. C:f5, D:f5; 19. Ae3, Rh8; 20. Df3, Df7; 21. Tae1, Ce7; 22. Ac1, Cf5; 23. Dd5, D:d5; 24. A:d5, b5 patta (Benkö – Matanović, Belgrado 1964).

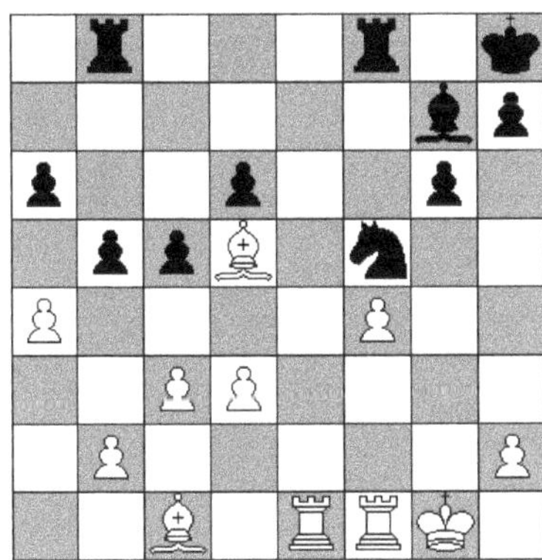

b. 2. – 9. **Cb3**

b. 2.1. – 9. …, **e5**; 10. d4, Ca5; 11. C:a5, D:a5; 12. d:e5, d:e5; 13. Dd6, Cc6; 14. Ae3, c4; 15. Dd2, Td8; 16. De2, Da6; 17. b4, Td3 con parità (Tringov – Vranesić, Amsterdam 1964).

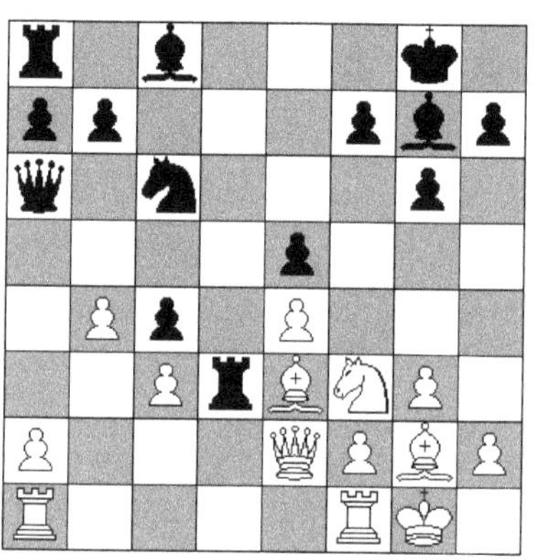

b. 2.2. – 9. …, **b6**; 10. d4, c:d4 (?); 11. Cb:d4, C:d4; 12. C:d4, d5 (?); 13. e:d5, e:d5; 14. Ag5, f6; 15. Af4.

La posizione nera ha un aspetto disastroso (Mendes – Bazan, Rio de Janeiro 1960).

c. – 8. **Ae3?!**, **b6**; 9. **d4**, **c:d4**

c. 1. 10. **c:d4**, d5!; 11. e5, Cf5; 12. Ag5, f6; 13. e:f6, A:f6 ed il nero ha un leggero vantaggio.

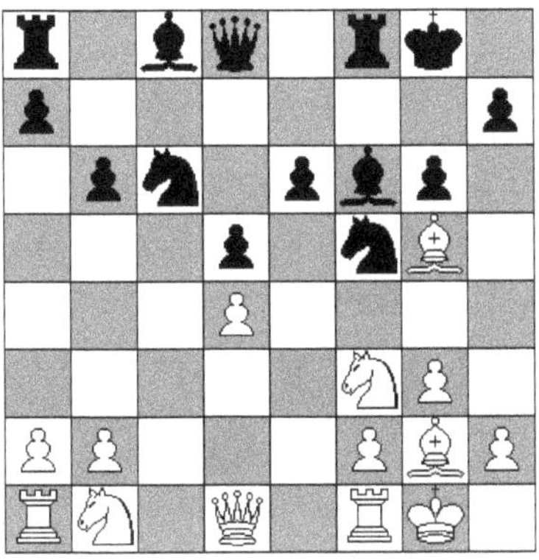

c. 2. – 10. C:d4, Ab7! 11. C:c6, A:c6 e il nero è migliore (Radulov – Taimanov, Leningrado 1973).

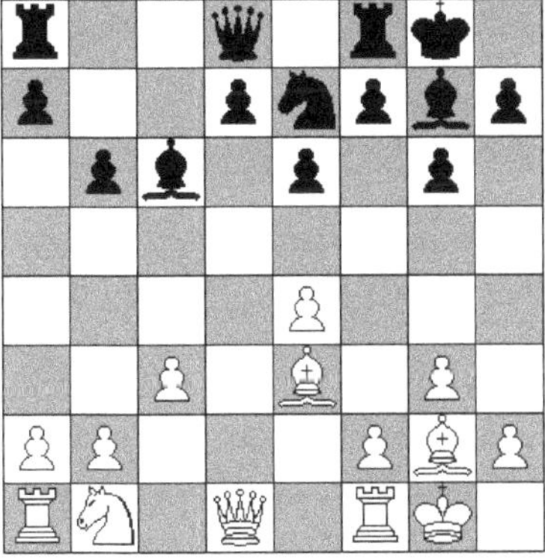

Tornando alla variante principale, dopo 7. Te1 il nero risponde:

7. …, d6

Se il nero arrocca alla settima mossa, il bianco può provare a confutare questa mossa con 8. e5: nelle partite Petrossian – Pachman (Bled 1961) e Nejmetdinov – Rabar (Bakou 1964) il bianco prese un vantaggio decisivo: 7...., o-o; 8. e5, d6; 9. e:d6, D:d6; 10. Cbd2, Dc7?; 11. Cb3, Cd4; 12. Af4, Db6; 13. Ce5, C:b3?; 14. Cc4, Db5; 15. a:b3, a5; 16. Ad6, Af6; 17. Df3, Rg7; 18. Te4 (18. D:f6!!), Td8; 19. D:f6! R:f6; 20. Ae5+, Rg5; 21. Ag7, abbandona. Così la prima delle due partite.

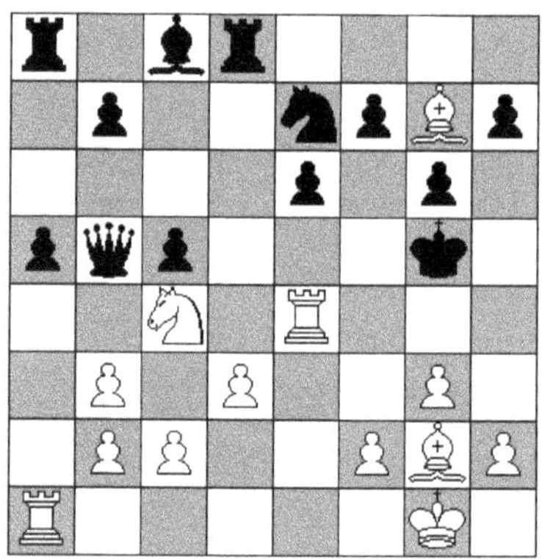

La seconda partita ha questo sviluppo: 7. …, o-o; 8. e5, d6; 9. e:d6, Cf5; 10. Cc3, C:d6; 11. Af4, Cd4; 12. Ae5, A:e5; 13. C:e5, Ad7; 14. Ce4 con una consistente superiorità del bianco [*vedi il diagramma a pagina 21*].

Najdorf (contro Garcia a Mar del Plata nel 1968) rinforza il gioco del nero: 7. …, o-o; 8. e5, b6 (questa non è che una banale inversione di mosse); 9. Cbd2, d6; 10.

e:d6, D:d6; 11. Cc4, Dd8! 12. a4, Aa6; 13. De2, Tc8 con parità.

Nejmetdinov – Rabar (Bakou 1964)
(dopo 14. Cc4)

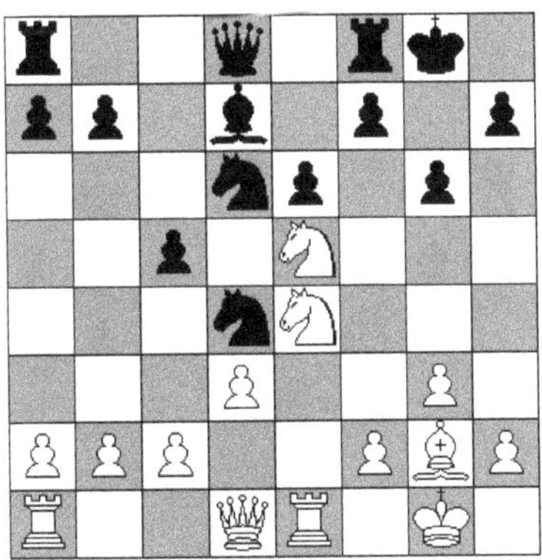

Najdorf ottiene un seguito migliore con: 14. c3, h6; 15. Af4, Cd5; 16. Ad2, Te8; 17. Tad1, e5!.

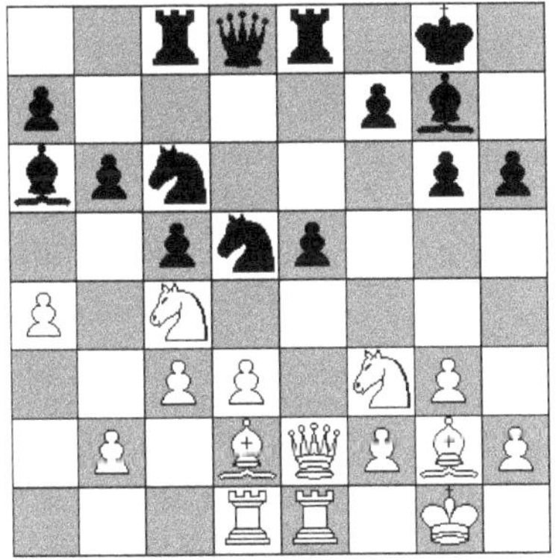

Al Campionato del Mondo Junior (Atene 1971),

Hug rinuncia contro Vaganian a e5 guadagnando un tempo per il bianco: 7. …, o-o; 8. Cbd2, Dc7; 9. a4, d5; 10. e:d5, C:d5 (dopo 10. …, e:d5; 11. Cb3, b6; 12. d4, c4; 13. Af4, Dd8; 14. Cc1 il pedone d5 rimane debole); 11. Cc4, b6; 12. c3, Ab7 (Aa6 avrebbe potuto essere più forte). Il bianco ha un gioco più libero, che sfrutterà in un modo curioso.

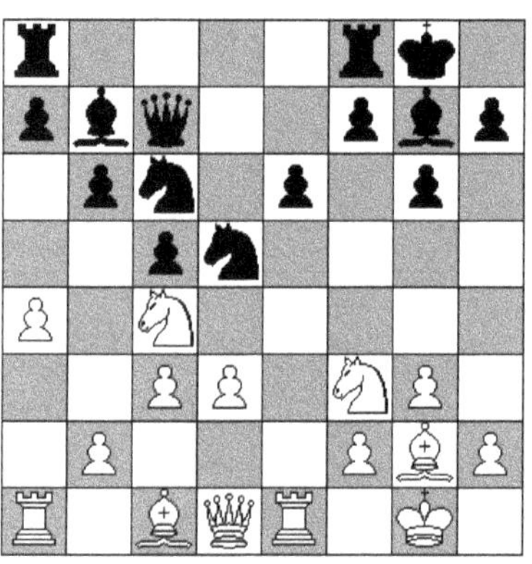

La partita è così proseguita: 13. Cg5!?, Tad8; 14. Dg4, e5 (Cf6); 15. Dh4, h6; 16. Cf3, g5?. Il nero punta sulla scorrettezza del sacrificio ma si sbaglia: 17. A:g5!, h:g5; 18. C:g5, Tfe8 (se 18. …, Cf6; 19. Ce3, Ac8; 20 Cd5!); 19. A:d5!, T:d5; 20. Ce3, ecc. [*vedi il diagramma nella pagina successiva*].

8. c3, e5!

Il nero perde un tempo per rientrare in una posizione che sarà discussa nell'ambito della variante “Il muro di pietra”, dove la mossa Te1 è ingiustificata.

8. …, **o-o** è perfettamente giocabile:

a. – 9. **Cbd2**, b6; 10. Cf1, Aa6; 11. d4, c:d4;

Hug – Vaganian (Campionato del Mondo Junior, Atene 1971)
(dopo 20.Ce3)

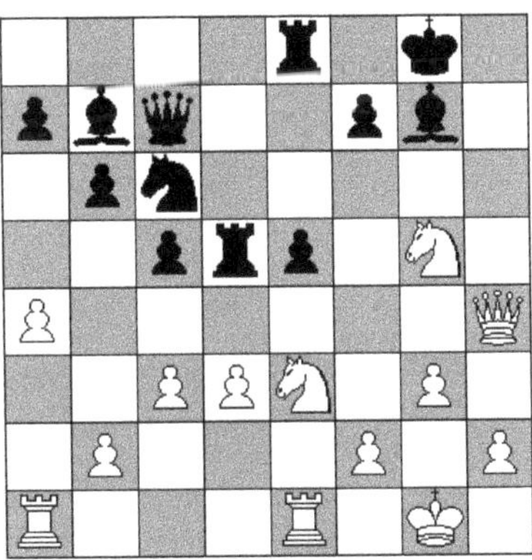

Il cambio in d4 effettuato dal bianco è valido solo quando il bianco non può riprendere che di Cf3. 12. C:d4, Ce5!; 13. Ag5, h6; 14. Da4, Ab7; 15. A:e7, D:e7 e il nero è leggermente migliore (Troianescu – Petrossian, Bucarest 1953).

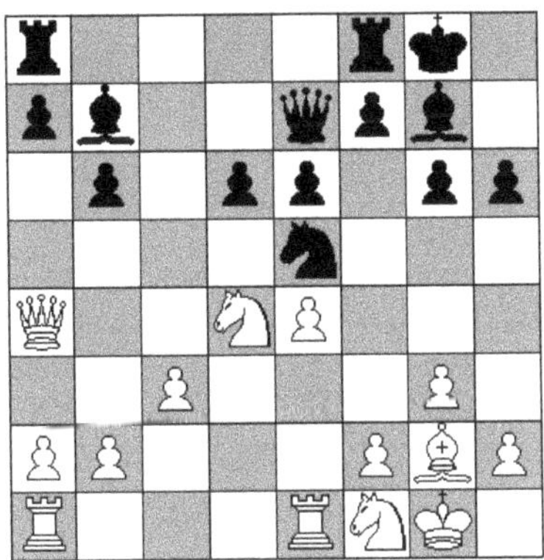

b. – 9. **d4, c:d4?** (b6); 10. **c:d4**

b. 1. – 10. …, **Db6**; 11. d5!, e:d5 (se 11. …, A:b2; 12. A:b2, D:b2; 13. d:c6, D:a1; 14. Db3, C:c6; 15. Cc3 e vince); 12. e:d5, Ce5; 13. C:e5, A:e5; 14. Cd2 con un leggero vantaggio bianco (Lee – Whiteley, Bristol 1968).

b. 2. – 10. …, **d5**; 11. e5, Ad7; 12. Cc3, Tc8; 13.Af4, Ca5; 14. Tc1, b5; 15. b3!, b4; 16. Ce2, Ab5 (16. …, T:c1); 17. Dd2, Cac6; 18. g4, a5? (qui ancora, occorre scambiare su e2); 19. Cg3, Db6; 20 h4, Cb8; 21. Ah6, Cd7; 22. Dg5! (la minaccia è 23. A:g7, R:g7; 24. Ch5+), T:c1; 23. T:c1, A:h6; 24. D:h6, Tc8; 25. T:c8, C:c8; 26. h5, Dd8 (minaccia Df8); 27. Cg5, Cf8; 28. Ae4!!, De7 (se 28. …, d:e4; 29. C:e4 seguito da Cf6+, ecc.); 29. C:h7!, C:h7; 30. h:g6, f:g6; 31. A:g6, Cg5; 32. Ch5, Cf3+; 33. Rg2, Ch4+; 34. Rg3, C:g6; 35. Cf6+, Rf7; 36. Dh7+, abbandona (se 36. …, Rf8; 37. Dg8 matto (Fisher – Panno, Buenos Aires 1962). Sicuramente una partita superba.

[*Vedi due diagrammi relativi nella pagina seguente*]

(Dopo 22. Dg5!)

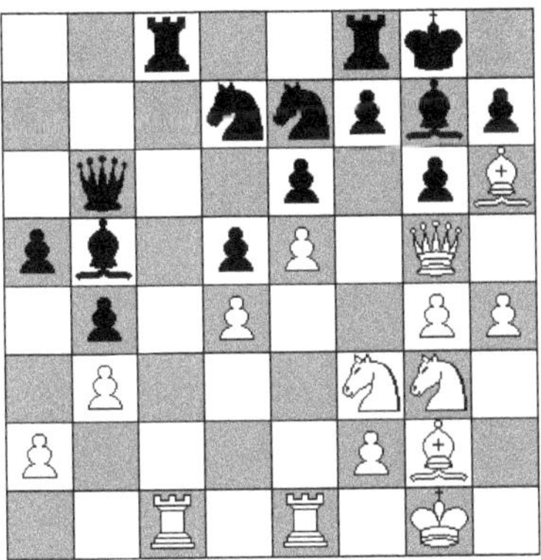

(Dopo 28. Ae4!!)

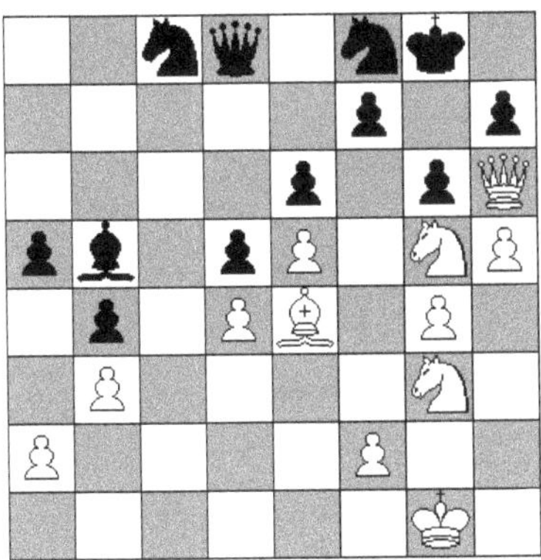

Dopo **8. ..., e5!**, una partita Ree – Keene (Vlissingen 1966) proseguì così: 9. Ae3 (Cbd2), o-o; 10. Cbd2, b5 (oppure f5); 11. Ch4, b4; 12. Cc4, b:c3; 13. b:c3, Ca5; 14. Dd2, Aa6 con un buon gioco del nero [*vedi il diagramma nella pagina seguente*].

(Dopo 14. …, Aa6)

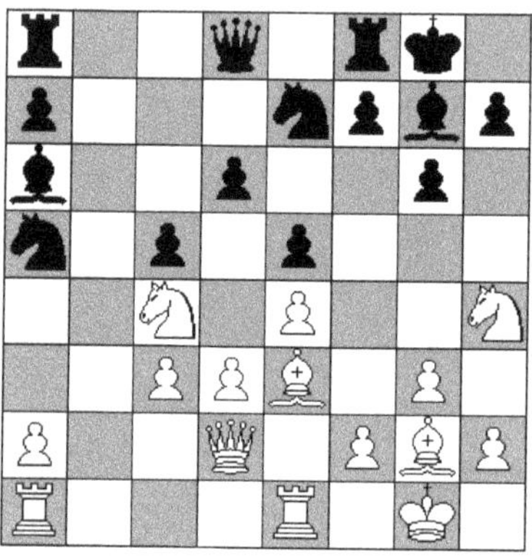

Il Muro di Pietra

1. e4, c5; 2. Cf3, Cc6; 3. d3, g6; 4. g3, Ag7; 5. Ag2, d6; 6. o-o, e5

Il nero adotta una costruzione assai solida costituita dai pedoni c5-d6-e5. Il *muro di pietra* è l'equivalente italiano del termine inglese *stonewall*, che è utilizzato nelle varianti della Partita Slava o della Partita Olandese, nelle quali il nero dispone i suoi pedoni in f5-e6-d5.

7. c3

a. – 7. **Ae3** non porta a nulla: 7. …, Cge7; 8 Dd2, o-o; 9. Ah6, f5; 10. A:g7, R:g7; 11. Cc3, h6; 12. e:f5, A:f5; 13. Ch4, Ae6; 14. f4, Db6; 15. f:e5, C:e5 con un grande vantaggio nero (Tringov – Benkö, Varna 1962) [*vedi il diagramma nella pagina successiva*].

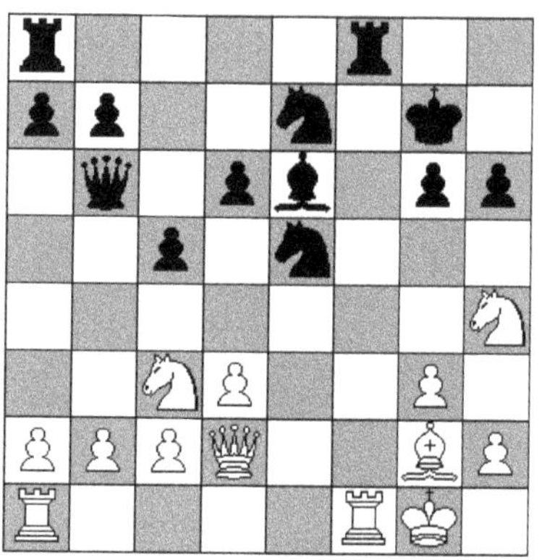

b. – 7. **Cc3** per preparare immediatamente f4 si smorza così: 7. …, Cge7; 8. Cd2, Tb8; 9. f4, e:f4! 10. g:f4, f5; 11. Cc4, b5; 12. Ce3, b4; 13. Ccd5, C:d5; 14. C:d5, o-o; 15. c3, b:c3; 16. b:c3, Ce7 con un leggero vantaggio nero (Barczay – Matulović, Verniaka Bania 1971).

c. – 7. **Cbd2**, Cge7; 8. Cc4, o-o; 9. Ch4 (!), d5!; 10. e:d5, C:d5; 11. c3, Ae6; 12. Cf3, f6; 13. a4, b6; 14. Te1,

Cde7; 15. De2, Dd7; 16. Td1, Tad8; 17. Ae3, Tfe8; con un leggero vantaggio nero (Flesch – Spassky, Belgrado 1964).

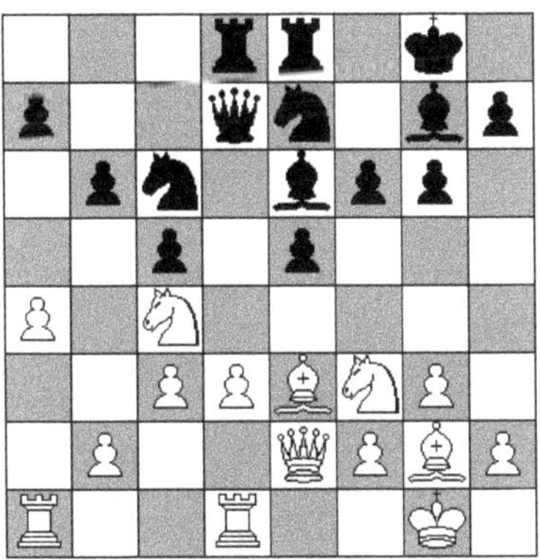

7. ..., Cge7; 8. Ch4!

Numerose altre mosse sono state provate:

a. – 8. **a3**, o-o; 9. b4, b6; 10. Cbd2, h6; 11. Cc4, Ae6; 12. b5?, A:c4; 13. d:c4, Ca5 con grande vantaggio posizionale nero (Toran – Larsen, Palma di Maiorca 1969).

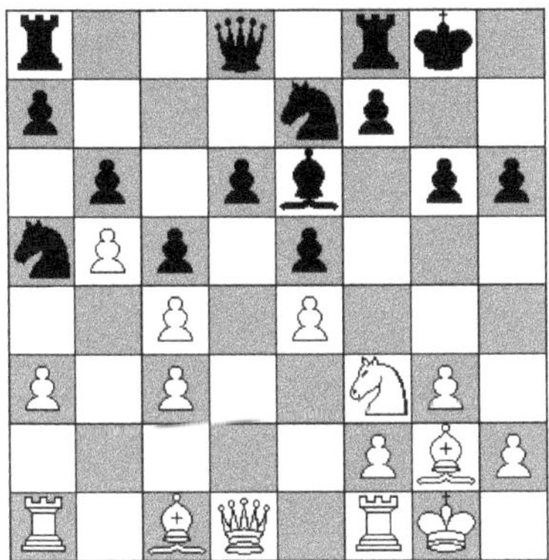

b. – 8. **Te1**, o-o; 9. Ae3?, f5; 10. b4, f4!; 11. Ac1, c:b4; 12. c:b4, f:g3; 13. h:g3, Ag4 con un grande vantaggio nero.

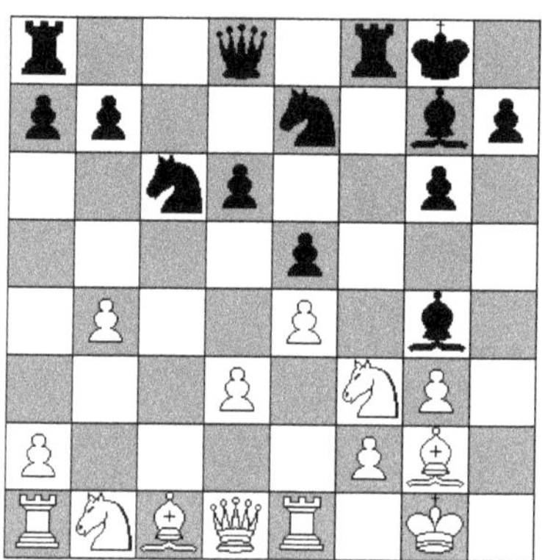

c. – 8. **Ca3**, o-o; 9. Ae3, b6; 10. d4, e:d4; 11. c:d4, Ag4; 12. Cc2, Tc8; 13. h3, A:f3; 14. A:f3, c:d4; 15. C:d4, Ce5 con vantaggio nero (Filip – Gligorić, Mosca 1967).

d. – 8. **Cbd2**, o-o; 9. a4, h6 (?) (occorreva giocare 9. ..., Tb8; 10. Tb1, a6; 11. b4, c:b4; 12. c:b4, b5 con un buon gioco nero); 10. Tb1, Ae6; 11. b4, b6; 12. b5, Ca5; 13. c4, f5 (g5!); 14. e:f5, C:f5; 15. Ab2, Tb8; 16. Ac3 con un leggero vantaggio bianco (Reshevski – Byrne, USA 1970).

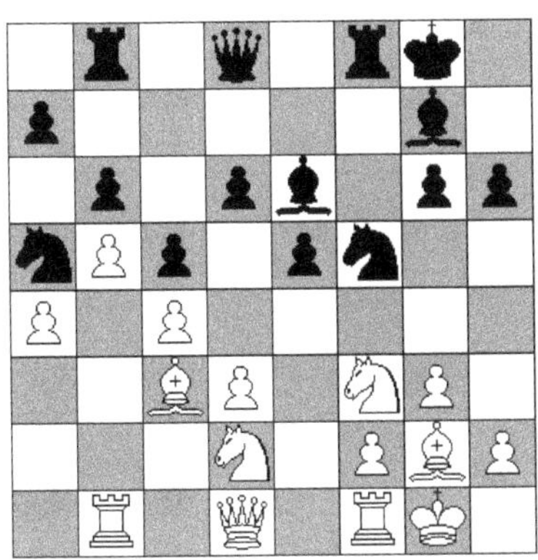

8. ..., o-o

8. ..., d5 è impedita da 9. e:d5, C:d5; 10. Db3!, ecc.

9. f4, e:f4; 10. g:f4, f5; 11. Cd2 con un leggero vantaggio bianco [*vedi il diagramma nella pagina seguente*].

Il seguito della partita Ciocaltea – Fischer, Varna 1962, fu: 11. ..., Rh8; 12. Cdf3, f:e4; 13. d:e4, d5; 14. e:d5, D:d5; 15. D:d5, C:d5; 16. Cg5, Cb6; 17. Ae3, Ca4; 18. Tae1, Ad7; 19. Ac1, Af6; 20. Chf3, Af5; 21. Ce5, Ce7; 22. Ce4, Ah4; 23. Td1 con un netto vantaggio bianco [*vedi il diagramma nella pagina seguente*].

(La variante principale dopo 11. Cd2)

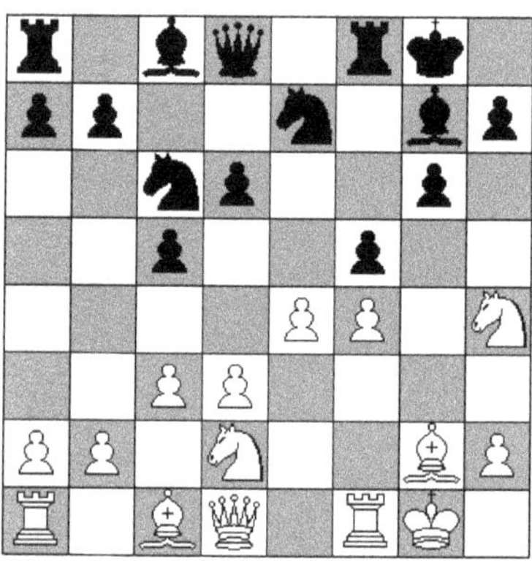

Ciocaltea – Fischer, Varna 1962
(Dopo 23. Td1)

A – Il sistema con Ae7: **1. e4, c5; 2. Cf3, Cc6; 3. d3, e6; 4. g3, Cf6**.

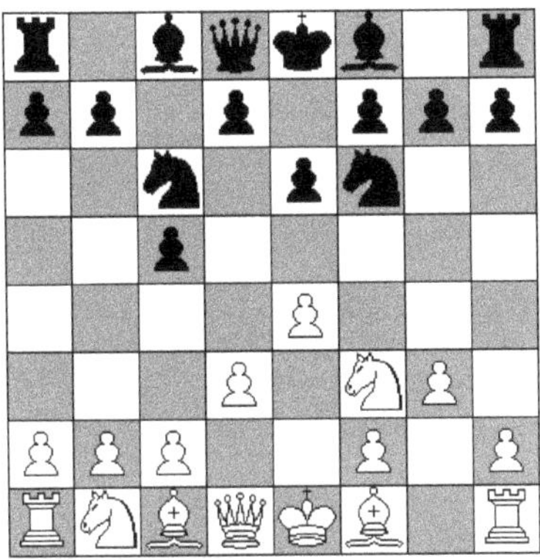

a. Tal, al quarto tratto, ha giocato 4. …, g6 contro Perez (Amsterdam 1964) 5. d4!?, c:d4; 6. C:d4, Cf6; 7. Ag2, Ag7; 8. o-o, o-o; 9. C:c6, b:c6; 10. e5, Cd5; 11. c4, Cb6; 12. De2, Aa6; 13. Ca3, f6!, con vantaggio del nero. [*Vedi il diagramma nella pagina seguente*].

5. Ag2, Ae7; 6. o-o, o-o; 7. Cbd2

7. …, **d5** ricondurrebbe ad una Partita Francese.

a. – 7. …, **b6**; 8. Te1, Ab7; 9. Cf1, d5 (d6=); 10. e5, Cd7; 11. h4, Dc7; 12. Af4, d4; 13. a3, a5; 14. C1h2, b5; 15. Dc2, Cb6; 16. Cg5, h6; 17. Ch3, Tfd8; 18. Dh5, Af8; 19. Cg4, Cd5; 20. A:h6, g:h6; 21. C:h6+, A:h6; 22. D:h6, Cde7; 23. Cg5, abbandona (Sackes – Goldin, URSS 1968).

Perez – Tal, Amsterdam 1964
(Dopo 13. …, f6!)

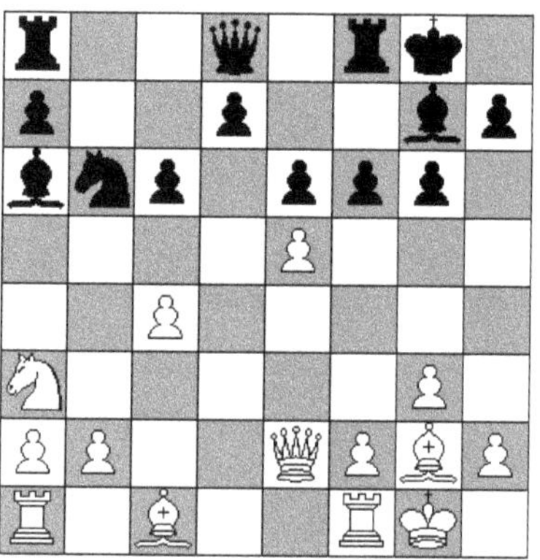

Sackes – Goldin, URSS 1968
(Posizione finale dopo 23. Cg5)

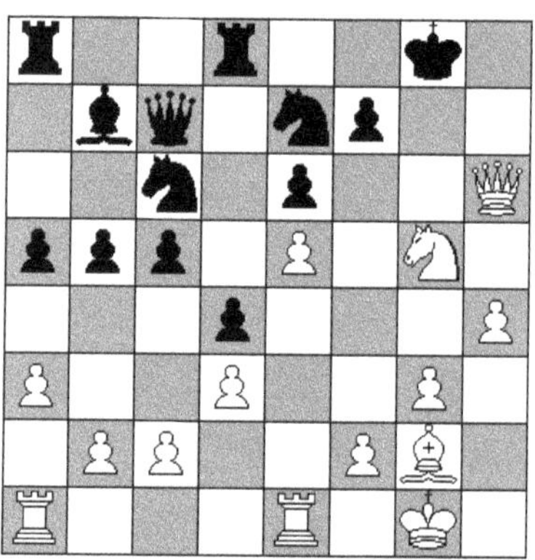

b. – 7. …, **Tb8**; 8. Te1, d6; 9. c3, b6; 10. d4, Dc7; 11. e5, Cd5; 12. e:d6, A:d6; 13. Ce4!, con vantaggio del bianco (Fischer – Sherwin, New York 1957).

c. – 7. ..., d6; 8. Te1, Ad7; 9. a4, Dc7; 10. Cc4, Tfd8; 11. a5, Ce8; 12. Af4, b5; 13. a:b6, a:b6; 14. T:a8, T:a8; 15. Ce3, Dd8; 16. e5, d5; 17. h4, Cd4; 18. Cg5!, h6; 19. C:f7, R:f7; 20. c3, Cc6; 21. Dh5+, Rg8; 22. C:d5!, con un attacco vincente (Jutchman – Zilberman, URSS 1969).

B – Il bianco gioca Ag5 (?).

1. e4, c5; 2. Cf3, Cc6; 3. d3, g6; 4. g3, Ag7; 5. Ag2, e6; 6. c3, Cge7; 7. Ag5, d6; 8. Dd2, h6; 9. Ae3, b6; 10. o-o, d5; 11. e:d5, C:d5; 12. d4, Fa6; 13. Td1, c4; 14. Ca3, Tc8, con vantaggio nero (Kupreichick – Whiteley, Groninga 1965-66).

C – Il nero imposta un doppio fianchetto.
1. e4, c5; 2. Cf3, Cc6; 3. d3, g6; 4. g3, Ag7; 5. Ag2, d6; 6. o-o, b6

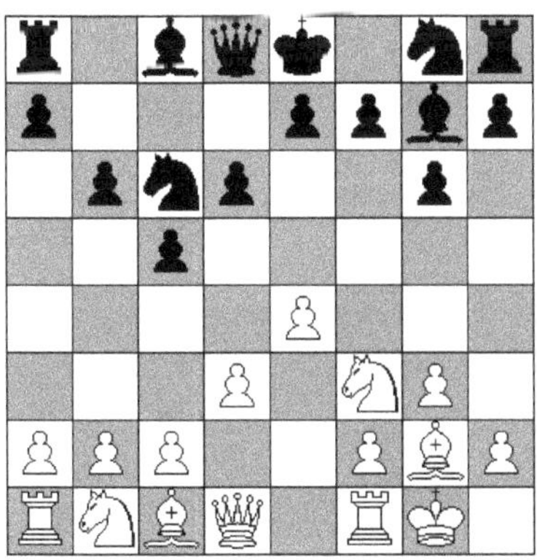

La partita Forintos – Larsen (Monaco 1968) proseguì così: 7. Cc3, Ab7; 8. Ae3,Cf6; 9. Dc1, h6; 10. h3, e5; 11. Dd2, Cd4; 12. Tae1, Dd7; 13. Ch2, o-o-o; 14. a4, Rb8; 15. a5, b5; 16. b4, a6; 17. Tb1, g5; 18. Cd5, C:d5; 19. e:d5, f5; 20. b:c5 (?), d:c5; 21. c4, b4; 22. A:d4, e:d4 con un leggero vantaggio nero.

Crediti

Nella realizzazione del libretto si è seguita la dispensa *L'attaque est-indienne contre la Sicilienne*, pubblicata nell'agosto del 1974 da Francis Meinsohn a Lyon (Lione). Il testo originale è stato tradotto, corretto, adattato, integrato soprattutto corredandolo con diagrammi, esplicativi delle posizioni raggiunte nelle diverse varianti esaminate.

Indice

L'attacco Est Indiano contro la Siciliana.....5

Introduzione.....7

Il Dragone Nero.....9

Il Metodo Rampante.....16

Il Muro di Pietra.....27

Sistemi particolari.....33

www.ingramcontent.com/pod-product-compliance
Ingram Content Group UK Ltd.
Pitfield, Milton Keynes, MK11 3LW, UK
UKHW020228250726
13967UKWH00001B/255

9 781326 062361